L'HISTOIRE DU TEMPS

Latitude et Longitude

Brian Williams

GAMMA • ÉCOLE ACTIVE

Titre original : *Latitude & Longitude.*

Traduit par Sylvie Rey.
Dépôt légal : septembre 2002.
Bibliothèque nationale.
ISBN 2-7130-1952-4

Exclusivité au Canada :
Éditions École Active
2244, rue de Rouen, Montréal,
Qué. H2K 1L5.
Dépôts légaux : 4e trimestre 2002.
Bibliothèque nationale du Québec,
Bibliothèque nationale du Canada.
ISBN 2-89069-693-6

Loi n° 49-956 du 16 juillet 1949
sur les publications destinées à la jeunesse.

Imprimé à Hong Kong

L'auteur et l'éditeur souhaitent remercier les personnes et les sociétés suivantes qui ont permis la reproduction des photographies. Première de couverture et page de titre Science Museum/Science & Society Libraary and Digital Vision Ltd page 4 Hereford Cathedral, Herefordshire/The Bridgeman Art Library page 5 (haut) Bridgeman Art Library (bas) Maximilian Stock Ltd/Science Photo Library page 6 (haut) Ancient Art and Architecture Collection Ltd/Bridgeman Art Library page 7 Mary Evans Picture Library page 8 (haut) Science Museum/Science & Society (bas) Royal Geographical Society, London/Bridgeman Art Library page 9 Universitatsbibliothek, Heidelberg, Germany/Bridgeman Art Library page 10 (haut) British Musem/Bridgeman Art Library (bas) Private Collection/Bridgeman Art Library page 11 Christie's Images page 12 Science Museum/Science & Society page 13 (haut) Prado, Madrid, Spain/Bridgeman Art Library (bas) Royal Geographical Society, London/Bridgeman Art Library page 14 (haut) Bridgeman Giraudon/Lauros (bas) Royal Geographical Society/Bridgeman Art Library page 16 (bas) National Maritime Museum page 17 Private Collection/Bridgeman Art Library page 18 Science Museum/Science & Society page 19 Science Museum/Science & Society page 20 (haut) Science Museum/Science & Society page 20 (bas), 21 and 22 (haut) National Maritime Museum page 22 (bas) Topham Picturepoint page 23 Science Museum/Science & Society page 24 (haut) Topham Picturepoint (bas) John Bethell/Bridgeman Art Library page 25 Science Museum/Science & Society page 26 Bridgeman Art Library page 28 Ton Kingsbergen/Science Photo Library page 29 (haut) David Parker/Science Photo Library (bas) GE Astro Space/Science Photo Library. Toutes les illustrations des pages 6, 15, 16, 27 sont gracieusement fournies par Foundry Arts.

Sommaire

Introduction

LE TEMPS ET LES DÉPLACEMENTS

À quelle heure l'avion décolle-t-il ? Combien de temps lui faut-il pour arriver à l'aéroport ? Quelle est la durée du vol ? Comment le pilote trouve-t-il son chemin au-dessus des nuages ? Chaque jour soulève de nouvelles questions relatives au temps qui s'écoule. Si les hommes ne peuvent mesurer le temps, ils sont incapables de trouver le moyen de traverser les continents, de survoler les océans, de voyager dans l'espace. Personne ne serait jamais à l'heure.

SE REPÉRER

Pendant la préhistoire, un chasseur pouvait évaluer la durée en se repérant à la position du Soleil dans le ciel. Le fait que, chaque matin, le Soleil se lève à l'est et, chaque soir, se couche à l'ouest permettait aux premiers hommes de se diriger. La nuit, ils se guidaient aux étoiles.

Les cartographes égyptiens savaient mesurer les distances et calculer la durée. Ils dessinaient des cartes pour représenter les terres de chaque agriculteur. Ils inventèrent le dessin à l'échelle : une carte mettait en évidence la grandeur des champs les uns par rapport aux autres ainsi que la distance entre deux villes.

La Mappa Mundi *(mappemonde) est exposée dans la cathédrale d'Hereford, en Grande-Bretagne. Cette carte du monde, réalisée en 1290, représente la Terre sous forme d'un disque aplati, l'Afrique et l'Asie entourées par l'océan.*

LA REPRÉSENTATION DU MONDE

Les premières cartes étaient très inexactes, omettant de grandes étendues de terre et remplissant les espaces vierges d'êtres fantastiques. Les cartes s'améliorèrent avec la connaissance du monde.

Les Anciens s'interrogeaient sur la forme de la Terre. Au Pérou, les gens pensaient qu'elle était carrée tandis que les Hindous l'imaginaient comme une demi-sphère posée sur les dos de quatre éléphants se tenant sur la carapace d'une tortue de mer géante. Les Grecs, au début, croyaient que la Terre était plate, mais pour confirmer leurs théories mathématiques, ils décidèrent finalement qu'elle devait être ronde.

Les Grecs divisèrent alors la Terre en deux parties, au nord et au sud de l'équateur, se basant sur les différentes durées des journées observées par les voyageurs. Bientôt, les dessinateurs réalisèrent des cartes avec des lignes qui reliaient le nord au sud et l'est à l'ouest, formant un quadrillage. À l'aide de ce quadrillage, un voyageur était censé localiser n'importe quel endroit à la surface de la Terre.

Cette gravure du XIVe s. représente des Européens traversant les mers. Avec seulement une boussole et les étoiles pour les guider, les marins devaient trouver leur chemin.

EN PLEINE MER

Une carte n'est pourtant pas suffisante si vous ignorez la distance que vous avez parcourue. Avant le XIIIe siècle, les seules horloges étaient à eau. Même avec les meilleures cartes, les marins se perdaient encore.

Ce livre explique la façon dont la montre de marine vint au secours des navigateurs et comment la navigation devint une science. Le fait de résoudre ce que les scientifiques du XVIIIe siècle appelaient le problème de la longitude changea le cours du monde. Depuis, les sous-marins sillonnent les profondeurs océanes, les lignes aériennes relient les continents et les sondes spatiales sont envoyées vers de lointaines planètes.

La navigation moderne s'apprend à terre, grâce à des simulateurs. Voici le poste de navigation du simulateur d'un navire-citerne, avec un écran radar, à droite.

Trouver son chemin

QUELLE EST LA CIRCONFÉRENCE DE LA TERRE ?

Les Anciens savaient que la Terre était ronde. Vers 284 av. J.-C. naquit Ératosthène, en Afrique du Nord. Sa brillante intelligence lui fit obtenir la charge de la grande bibliothèque d'Alexandrie, en Égypte. Les astres, les éphémérides et la forme du monde le fascinaient. Un jour, il entendit une curieuse histoire au sujet d'un puits à Syène (aujourd'hui nommée « Assouan »), au sud d'Alexandrie. À midi, en plein été, le reflet du Soleil aurait été visible au fond d'un puits. Cela devait signifier que le Soleil était à la verticale puisqu'il ne projetait pas d'ombre. Ératosthène savait qu'à la même heure, à Alexandrie, le Soleil projetait une ombre. Ainsi eut-il l'idée de la façon de mesurer la Terre.

Ératosthène est né à Cyrène, en Afrique du Nord, en 284 av. J.-C. Tout en évaluant la circonférence de la Terre, il calcula l'inclinaison de la planète sur son axe et dressa un calendrier débutant à la guerre de Troie.

LES CALCULS D'ÉRATOSTHÈNE

Tout d'abord, Ératosthène mesura la projection de l'ombre d'un pilier près de chez lui. Puis il calcula, à l'aide de la géométrie, l'angle que faisait le Soleil avec la verticale. Le résultat fut environ 7°, approximativement 1/50 de cercle, lequel compte 360°. La distance de Syène à Alexandrie représentait donc 1/50 de la circonférence de la Terre.

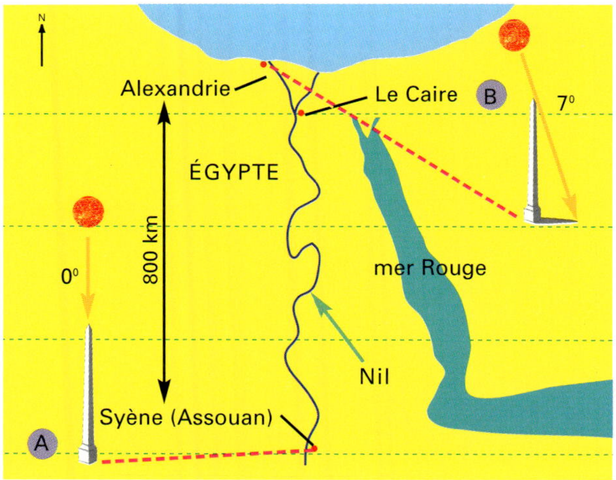

Ératosthène demanda à des voyageurs la durée de leur trajet entre ces deux villes. Ils répondirent 50 jours à dos de chameau. À quelle vitesse marche un chameau ? Environ 100 stades grecs (20 km) par jour. Il calcula alors la distance : 50 x 100 stades = 5000 stades (800 km). Puis il multiplia ce résultat par 50 afin d'obtenir la circonférence de la Terre. Il trouva approximativement 40 000 km. Cela s'avéra remarquablement exact.

À Syène, le Soleil était au zénith alors qu'à Alexandrie, il projetait une ombre selon un certain angle qu'Ératosthène mesura. Utilisant ce résultat, il en conclut que la Terre était ronde. Puis il calcula la circonférence de la Terre.

LES GRECS ET LE QUADRILLAGE

Ératosthène était un grand mathématicien. En ce temps-là, les scientifiques étaient plus doués pour mesurer les angles que les distances. Les cartes étaient très imprécises, car elles s'appuyaient sur les récits des voyageurs, souvent très exagérés. Les meilleures cartes représentaient les routes, oasis, cours d'eau et villes, mais restaient dans le vague quant aux distances entre deux lieux.

Hipparque, le plus célèbre astronome grec, vécut au IIe siècle av. J.-C. Il fut le premier à définir la position d'un lieu à la surface du globe en fonction de sa latitude et de sa longitude. Pour le calcul de la latitude, il compara les écarts entre le jour le plus court et celui le plus long en un point donné. Puis il utilisa les éclipses solaires, observées de différents endroits, pour trouver la longitude. Hipparque partagea le monde en zones climatiques. Il dressa le premier catalogue d'étoiles et détermina la durée d'une année avec une précision de 6,5 minutes.

Les cartes des Grecs devenaient plus précises grâce aux méridiens : des lignes parallèles (lignes de longitude) dessinées du nord au sud. D'autres lignes, dessinées d'est en ouest et parallèles à l'équateur (lignes de latitude) définissaient les zones climatiques. Les méridiens et parallèles se croisaient, dessinant un quadrillage.

Les savants grecs, comme Hipparque représenté ci-dessus, n'avaient pas de télescope. Ils utilisaient des tubes optiques pour observer plus particulièrement une étoile.

DATES CLÉS

- **260 av. J.-C.** Ératosthène calcule la circonférence de la Terre.
- **140 av. J.-C.** Hipparque s'attaque au problème de la latitude et la longitude.
- **150** Ptolémée travaille en Égypte ; son livre *Géographie* comporte une carte du monde et une liste de 8000 points de coordonnées terrestres (latitude et longitude).
- **900** Les cartographes chinois représentaient leur empire avec des cartes quadrillées et graduées, avec le nord au sommet.

L'ERREUR DE PTOLÉMÉE

Ptolémée, un Grec vivant en Égypte au IIe s. apr. J.-C., réalisa les plus célèbres cartes de l'Ancien Monde. Elles furent recopiées pendant 1500 ans, reproduisant l'erreur de Ptolémée. Il avait gradué sa carte en degrés, mais chaque degré était trop petit : environ 80 km de large au lieu de 112 km. Cette erreur se reporta sur les coordonnées des points et la taille des océans était donc plus faible que dans la réalité. Les marins se basant sur les cartes de Ptolémée, comme le fit Christophe Colomb lors de son célèbre voyage en 1492, n'étaient pas au bout de leurs surprises !

Cette illustration de 1535 montre Ptolémée, « roi » des anciens géographes et astronomes. Ses cartes et livres de géographie furent copiés et étudiés pendant 1500 ans.

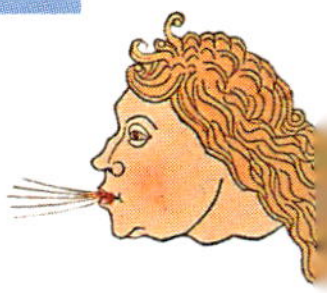

UN MONDE CARRÉ

Contrairement aux Grecs, les anciens Chinois pensaient que le monde était plat. Ils firent pourtant d'excellentes cartes. L'Empereur de Chine, au IIIe siècle, pouvait admirer une grande carte de son empire dessinée sur un quadrillage, comme un échiquier. Le croisement des lignes permettait de situer un point sur ce quadrillage. Au Xe siècle, le nord était toujours en haut de la carte, comme il l'est encore aujourd'hui.

Les cartes chinoises étaient dessinées à l'échelle : 2,5 cm sur la carte représentaient 100 lieues (environ 54 km), aussi étaient-elles assez précises.

Cette carte du monde fut publiée en Allemagne en 1482, d'après l'ancienne carte de Ptolémée. Seuls l'océan Indien et trois continents y sont représentés : l'Europe, l'Afrique et l'Asie.

À LA RECHERCHE DU PARADIS

Certains voyageurs chrétiens espéraient trouver le jardin d'Éden, le paradis dont Adam et Ève auraient été expulsés, d'après la Bible. Au début du VIe s., le moine irlandais Brendan s'embarqua sur un petit bateau en cuir pour voyager dans l'océan Atlantique. Il revint avec des histoires à propos d'une île qu'il appela la « Terre promise », peut-être l'Amérique. Cette île mystérieuse fut représentée sur les cartes pendant 1000 ans avant que les explorateurs perdent espoir de découvrir le jardin d'Éden.

Le voyage et les aventures du moine irlandais Brendan inspirèrent de nombreux livres. Cette illustration d'un ouvrage allemand, publié en 1476, montre l'intrépide moine sur son bateau rencontrant un habitant du Nouveau Monde.

SUR LA MER

Les premières cartes indiquaient seulement des détails sur les terres : quelques lieux précis, les rivières et peut-être même les noms des populations locales. Les mers étaient vierges, excepté la mention des îles situées près des côtes. Les marins naviguaient le plus possible à vue, longeant le rivage ou allant d'île en île.

Quand ils s'aventuraient loin des côtes, les marins apprenaient à se repérer grâce au Soleil, se guidaient sur les astres, observaient le vol des oiseaux et les courants marins. Avec les étoiles pour les guider, les Polynésiens naviguaient dans le Pacifique, loin vers le sud jusqu'à l'Australie, et les Vikings de Scandinavie traversaient l'Atlantique jusqu'à l'Amérique du Nord.

Premières explorations

LA MÉDITERRANÉE

Il y a plus de 3000 ans, les Égyptiens, les Phéniciens et les Grecs explorèrent la mer Méditerranée, naviguant entre les îles et longeant les côtes. Ils notaient les points de repère tels que les sommets des montagnes, les baies et les récifs dangereux. Ils écrivaient parfois des guides destinés ensuite à l'usage d'autres marins, mais peu d'entre eux savaient lire. Un marin avisé écoutait les conseils de ceux qui avaient déjà fait le même voyage ; il avait donc des chances d'en revenir.

Les Phéniciens menèrent des explorations jusqu'en Grande-Bretagne et en Afrique sur des bateaux à rames comme celui représenté sur ce bas-relief du VIe siècle. av. J.-C.

LES TRAVERSÉES DES OCÉANS SANS CARTE

Au cours du IXe siècle, des Vikings quittaient le Danemark et la Norvège sur leurs drakkars chargés d'épées, de haches, de nourriture et souvent de femmes, d'enfants et d'animaux domestiques. Ils n'avaient aucune carte et comptaient sur les conseils des Anciens qui connaissaient la direction des quatre grands vents. Bien qu'ils aient probablement connu l'étrange comportement des roches naturellement aimantées, ils ne possédaient pas de boussole. Malgré tout, ils étaient capables de traverser l'Atlantique.

De longs voyages s'effectuaient aussi dans le Pacifique. Les Polynésiens utilisaient des baguettes et des coquillages : les premières indiquaient les directions de navigation entre les îles qui étaient matérialisées par les coquillages.

Les bateaux des Vikings avaient une seule voile carrée et jusqu'à 60 rames. La gouverne était assurée par une grande rame-gouvernail, placée sur le côté droit.

UNE CARTE, ENFIN !

La première vraie carte marine n'apparut pas avant le XIVe siècle. Les croisades amenèrent le développement de la cartographie ; les bateaux, chargés de soldats et d'aventuriers, naviguaient avec difficulté vers la Terre sainte. Les marins méditerranéens commençaient à utiliser des cartes sur lesquelles des tracés représentaient le contour des côtes et les voies les plus sûres pour rejoindre les ports. Ces « portulans » étaient beaucoup plus précis que les cartes terrestres, pleines d'erreurs et décorées de représentations de géants, dragons et serpents des mers.

Une carte marine de l'océan Atlantique du XVIe siècle. Les tracés sur ce portulan, semblables à ceux d'un compas, aidaient les marins à trouver leur itinéraire d'un port à l'autre.

AU MILIEU DE L'OCÉAN

Les océans restèrent des espaces vierges sur les cartes jusqu'au XVe s. À cette époque, les Turcs s'opposèrent aux Occidentaux qui empruntaient la route de la soie, ce réseau de routes commerciales qui reliaient l'Europe à l'Asie. Ce fut un désastre pour les marchands européens qui durent trouver une nouvelle voie de communication. Pour atteindre l'Inde, la Chine et les îles d'Indonésie, les Européens devaient emprunter des mers sur lesquelles ils n'avaient jamais navigué.

Les Portugais furent les plus intrépides. Leurs navires s'aventurèrent dans l'Atlantique Sud, le long de la côte africaine. La Méditerranée est une mer étroite ; les marins ne s'égaraient que rarement. L'Atlantique est fort différent. Sur cet océan inconnu, les Portugais découvrirent non seulement des horizons sans fin, mais aussi des tempêtes terrifiantes.

DATES CLÉS

- **986** Les Vikings aperçoivent l'Amérique du Nord et y débarquent en 1001.
- **1100** La boussole est utilisée pour la première fois en Europe.
- **1150** Le géographe arabe Al-Idrïsï réalise une carte du monde, utilisant un système de quadrillage. Il avait probablement vu des cartes chinoises.
- **1300** Les portulans étaient utilisés par les marins méditerranéens.
- **1340** L'arbalète sert aux marins européens à se repérer par rapport au Soleil et aux astres.
- **1375** Le grand *Atlas catalan*, dessiné par Abraham Cresques en Espagne, montre les côtes méditerranéennes, une partie de l'Asie et le bord de l'Atlantique.
- **1430** Sur une carte européenne est porté « Vinland », une colonie viking en Amérique du Nord abandonnée depuis longtemps. Les Portugais naviguent dans l'Atlantique. Henri le Navigateur, prince portugais, crée une école de navigation.
- **1492** Christophe Colomb embarque en Espagne pour les Antilles.

Les aides de navigation

Les explorateurs utilisaient dorénavant plusieurs aides de navigation. La plus importante était la boussole pour trouver le nord. Cette invention chinoise ne parvint aux Européens qu'à partir du XIIIe siècle. Avec l'arbalète, un instrument simple en bois, les navigateurs mesuraient l'angle du Soleil avec l'horizon, ce qui indiquait leur latitude : la distance à laquelle se trouvait leur bateau par rapport à l'équateur. Pour calculer la vitesse du navire, un marin lançait à la mer une longue corde à nœuds et comptait les nœuds de la corde qui défilait entre ses doigts. Contrôlant le temps avec un sablier, il pouvait donner le nombre de nœuds qui passaient pendant un certain temps et en déduire la vitesse du bateau en nombre de nœuds à l'heure. De cette façon, le marin calculait la distance parcourue en un jour.

Dans des eaux peu profondes, les marins vérifiaient la profondeur à l'aide d'une ligne de sonde : une corde avec un plomb à son extrémité.

▲ *Avec une arbalète, les marins mesuraient l'angle que faisait le Soleil ou une étoile avec l'horizon et déterminaient ainsi leur latitude. Différentes pièces transversales étaient ajustées pour glisser le long d'une règle graduée.*

LA NOUVELLE ROUTE DES INDES

À chaque nouveau voyage, les Portugais perfectionnaient leurs cartes. Leur prince, Henri le Navigateur, fit de la cartographie une entreprise aussi importante que la construction navale.

En 1488, les navires portugais avaient longé les côtes de l'Afrique jusqu'au cap de Bonne-Espérance. Au cours des dix années suivantes, ils avaient atteint l'Inde. Pour traverser la mer d'Oman, ils furent guidés par Ibn Majid, un pilote arabe auteur du meilleur ouvrage de navigation en langue arabe.

COLOMB SE TROMPE

Les cartes d'Ibn Majid de l'océan Indien étaient supérieures à n'importe quelle carte de l'Atlantique. En Espagne, voulant atteindre l'Inde par l'ouest en traversant l'Atlantique, Christophe Colomb étudia les anciennes, mais imprécises, cartes de Ptolémée. Persuadé que l'océan n'était pas aussi vaste, il pensait que l'Asie ne se trouvait qu'à quelques jours de voyage.

En 1492, Colomb fut très surpris que son expédition dure trois semaines. Il fut encore plus étonné de découvrir un nouveau monde au lieu d'arriver, comme prévu, en Asie. Le mystérieux « Vinland » des Vikings devenait réalité. Un autre continent, l'Amérique, venait compléter les cartes.

Christophe Colomb et son équipage débarquent au Nouveau Monde, remerciant le Ciel de retrouver la terre ferme après trois semaines passées en mer.

L'AIGUILLE MAGIQUE

Les premières boussoles étaient élémentaires : une aiguille aimantée, flottant sur un morceau de liège, pouvait tourner librement et indiquer le nord. À côté, un cadran, portant les points cardinaux, pouvait alors être tourné pour l'aligner sur l'aiguille. Au XIXe siècle, les meilleures boussoles comportaient une aiguille aimantée fixée sur une rose des vents mobile. Le capitaine d'un bateau gardait précieusement sa boussole dans un coffret fermé.

Ce type de boussole fut conçue en Chine, et seulement utilisée par les marins européens à partir du XVIe siècle. Le cadran est une rose des vents : un cercle gradué de 360°.

Les cartes

DES NAVIGATEURS CHANCEUX

Christophe Colomb avait eu de la chance de ne pas se perdre. Il en était de même pour les premiers voyageurs autour du monde, tels Juan Sebastian Elcano et Francis Drake au XVIe siècle. Ces marins expérimentés auraient pu ne jamais entrer dans l'Histoire. De nombreux bateaux s'étaient égarés une fois la terre perdue de vue. Aucun marin n'était capable de localiser sa position sur une carte, car il ne pouvait calculer le temps avec précision.

LES PROJECTIONS CARTOGRAPHIQUES

À la fin du XVIe s., de bonnes cartes et mappemondes apparurent en Europe. Les cartographes avaient calculé comment représenter la surface d'une sphère sur une surface plane. Les formes des terres et des océans avaient dû être étirées ou réduites et, pour y parvenir, les cartographes utilisaient une technique mathématique appelée « projection ».

Gerard Mercator, un géographe flamand, mit au point, en 1569, un système de projection cartographique qui porte son nom. Sur une carte Mercator, la direction entre deux points est toujours une droite. Ce système de projection est pratique, mais entraîne des erreurs. La surface des continents est fausse. Le Groenland, par exemple, semble plus grand que l'Amérique du Sud, alors qu'en réalité il est beaucoup plus petit.

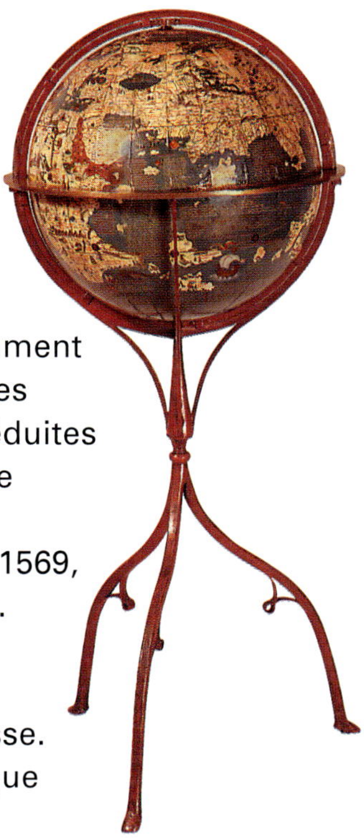

Cette mappemonde allemande date de 1492, l'année où Christophe Colomb s'embarqua. On y distingue l'océan Indien.

En 1585, Mercator réalisa le premier recueil de cartes qui allait s'appeler « atlas ». Cette carte du monde, la meilleure de son époque, en fait partie.

LA LATITUDE

Les lignes de latitude sont les parallèles est-ouest sur une carte. Pour savoir à quelle latitude (au nord ou sud de l'équateur) se trouve son bateau, un marin calcule la hauteur d'un astre (Soleil, Lune, étoile Polaire) au-dessus de l'horizon.

La latitude se mesure en degrés (°). Ptolémée donna à l'équateur le degré 0, origine de toute latitude. L'équateur est le plus grand cercle imaginaire de la sphère céleste. Il symbolise le partage de la Terre en deux hémisphères, Nord et Sud.

En haut de la carte, le pôle Nord a une latitude de 90° nord et le pôle Sud une latitude de 90° sud.

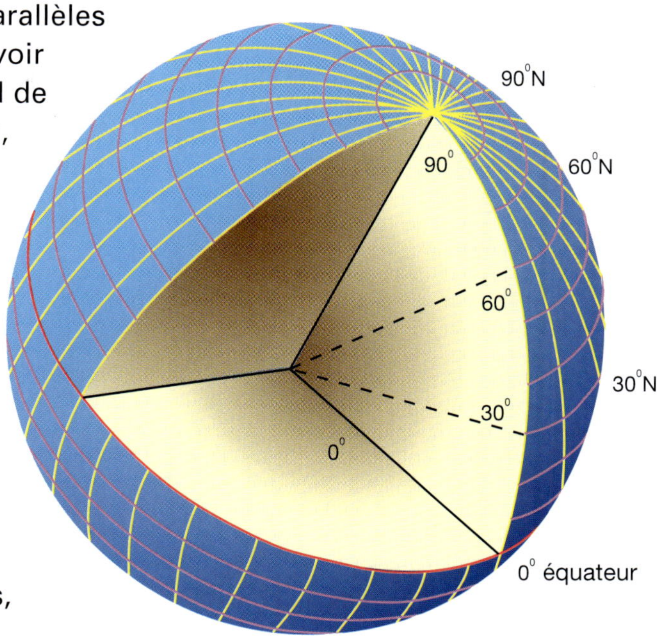

L'équateur est une ligne imaginaire autour de la Terre, située à égale distance des deux pôles. Les lignes de latitude (en rouge), ou parallèles, vont de 0° (l'équateur) à 90°(les pôles).

DATES CLÉS

- **1492** Martin Behaim est l'auteur d'une mappemonde sur laquelle ne figure pas l'Amérique.
- **1498** Convaincu d'une route maritime possible vers l'est, l'explorateur portugais Vasco de Gama découvre la route des Indes par le cap de Bonne-Espérance.
- **XVIe s.** Les premières cartes européennes indiquent les latitudes.
- **1514** L'astronome allemand Johann Werner propose une méthode de calcul de la longitude en fonction de la Lune et des étoiles.
- **1519-22** Fernand de Magellan, navigateur portugais au service de l'Espagne, effectua le premier voyage autour du monde. Il trouva le passage vers l'océan Pacifique qu'il traversa en trois mois. Il fut tué aux Philippines. De son expédition ne revint qu'un seul bateau (sur cinq) commandé par Juan Sebastian Elcano.
- **1569** Le cartographe flamand Gerard Mercator élabore la première carte d'après un système de projection qui permet de représenter une route, dans n'importe quelle direction, par une droite.
- **1579-80** Le corsaire anglais, Francis Drake, réalise le second voyage autour du monde.

LA LONGITUDE

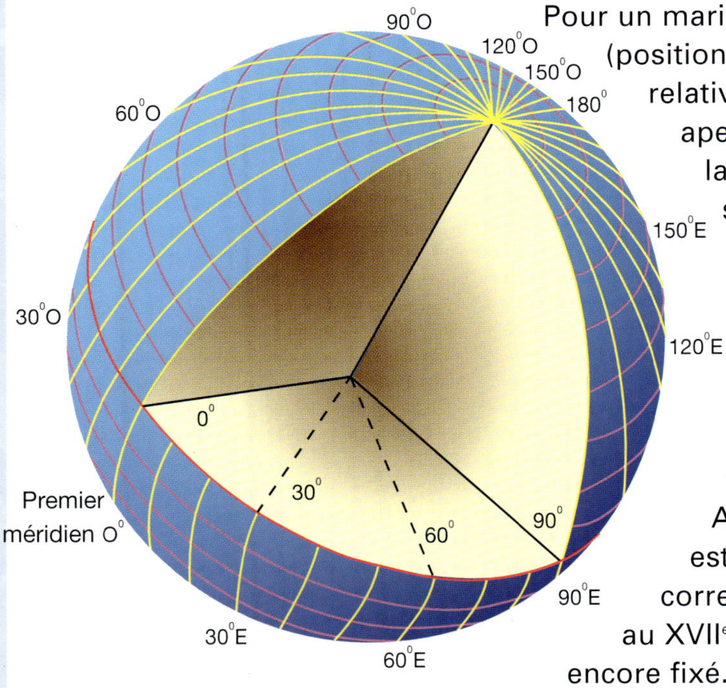

Pour un marin, au XVIIe s., trouver la latitude (position au nord ou au sud) était relativement simple aussi longtemps qu'il apercevait le Soleil ou les astres. Définir la longitude (situation est ou ouest) s'avérait plus compliqué, selon que le ciel soit dégagé ou non.

Sur une carte, les lignes de longitude, ou méridiens, courent du nord au sud. En comptant les degrés de longitude à chaque ligne croisée, le voyageur en déduit le trajet parcouru vers l'est ou l'ouest. Aujourd'hui, le méridien d'origine est le méridien de Greenwich, la ligne correspondant à 0° de longitude. Mais au XVIIe s., ce méridien d'origine n'était pas encore fixé.

Les lignes de longitude (en jaune) encerclent le globe d'est en ouest à partir du méridien d'origine, à 0° de longitude. Avec sa latitude et sa longitude, un voyageur peut définir précisément sa position.

NAVIGUER AVEC DES HORLOGES

Un marin ne pouvait définir sa longitude uniquement avec le Soleil et les étoiles. Il avait besoin de deux horloges : l'une indiquant l'heure sur son bateau (relevée à midi au soleil), l'autre donnant l'heure exacte dans le port d'origine ou de tout autre point dont la position était connue. En comparant les heures, il pouvait alors calculer la distance parcourue.

Lorsque le navigateur connaissait la latitude et la longitude de son bateau, il pouvait marquer sa position sur la carte à l'intersection des deux lignes.

L'astrolabe donnait la latitude par la mesure de la hauteur des astres au-dessus de l'horizon. Cette astrolabe de nuit (nocturlabe) date de 1589.

DES HORLOGES PEU FIABLES

Un peu de calcul et les deux horloges embarquées devaient donc empêcher les marins de s'égarer. Mais les navigateurs ne pouvaient être sûrs que les horloges conservaient longtemps l'heure exacte. Même les meilleures horloges du XVIIe siècle étaient peu fiables, sur un bateau ballotté par les vagues, brûlé par le soleil tropical, gelé par le froid glacial de l'Arctique. Sans de nouvelles et infaillibles horloges, les marins se perdraient encore en mer.

QUELLE EST VOTRE POSITION ?

La Terre tourne de 360° en 24 heures. En divisant 360 par 24, on obtient 15°, l'arc parcouru en une heure. Sur l'équateur, qui mesure 40 000 km, l'arc correspondant à 1° est de 40 000/360, soit environ 112 km. Maintenant, imaginez-vous dans un bateau naviguant à l'équateur, cap à l'ouest. Vous avez deux horloges : l'une indique l'heure sur le bateau (donnée chaque jour par le Soleil à midi), l'autre est réglée sur l'heure du port d'où vous êtes parti, il y a quelques jours. Les heures indiquées seront différentes. Si l'écart est d'une heure, le bateau a parcouru 15° d'arc, soit 15 x 112 km, ce qui donne 1680 km.

Cette carte de 1559 montre l'océan Pacifique et une partie de l'Amérique du Sud. L'équateur, les méridiens et les parallèles sont très visibles. Les points d'intersection de ces lignes sont les coordonnées. Le navire représenté est la Victoria *de Magellan.*

Les pendules

GALILÉE EST DANS LE RYTHME

Les horloges s'améliorèrent. En 1582, l'astronome et physicien italien Galilée a remarqué qu'un poids suspendu à une chaîne (système appelé un « pendule ») se balance à un rythme parfaitement régulier. Cette observation amena l'invention de l'horloge à balancier dont le mouvement est régulé par un pendule. Les anciennes horloges n'avaient que l'aiguille des heures. Au XVIIe siècle furent ajoutées l'aiguille des minutes et celle des secondes. Le tic-tac régulier des horloges était devenu un bruit familier dans les maisons. Mais une horloge à balancier avait besoin d'être toujours de niveau, aussi ne pouvait-elle être utilisée en mer. De plus, elle était sensible à la température : le métal se dilatait au chaud et se contractait au froid.

Un modèle d'horloge à balancier conçue par Galilée juste avant sa mort. Il avait compris que le mouvement du pendule pouvait réguler l'heure.

CALCULER AVEC LES ÉTOILES

La solution du calcul de la longitude en mer se trouvait peut-être dans les étoiles. Dans de nouveaux observatoires construits en Grande-Bretagne et en France, les astronomes scrutaient la planète Jupiter pour savoir si les éclipses régulières de ses satellites pourraient constituer une mesure universelle du temps. Ils dessinèrent des cartes et des tables astronomiques décrivant les mouvements des planètes et de leurs satellites. Les marins devaient dorénavant calculer la longitude à partir de ces documents, ce qui tournait parfois au cauchemar, même s'ils avaient étudié les mathématiques.

UN DÉSASTRE EN MER

La plupart des marins continuèrent à utiliser les anciennes méthodes. Ils effectuaient des visées sur le Soleil, la Lune et les étoiles. Ils les rapprochaient des nombres fournis dans des tables astronomiques qui indiquaient les positions des étoiles durant une année. Une erreur infime pouvait provoquer la dangereuse errance d'un navire.

En 1707, un désastre frappa une escadre de la marine britannique. Les bateaux de tête se perdirent dans la Manche et errèrent jusqu'aux îles Sorlingues. Les marins furent horrifiés à la vue de falaises émergeant soudain de la brume. Quatre bateaux coulèrent et 2000 hommes se noyèrent.

Cette effroyable perte fut un scandale pour l'Angleterre. En 1714, le Parlement offrit une prime de 20 000 £ (près de 10 millions d'euros aujourd'hui) à quiconque trouverait la méthode pour déterminer la longitude en mer. Pour gagner, l'inventeur devait concevoir une horloge fiable, ne variant pas de plus de trois secondes par jour. Ce qui entraînait, sur la traversée de l'Atlantique qui durait 40 jours, une marge d'erreur d'un demi-degré pour le calcul de la longitude.

UNE HORLOGE MAGIQUE

Beaucoup de scientifiques doutèrent d'y arriver. Mais les experts les plus sensés s'accordaient tous pour dire qu'une horloge fiable était la seule solution possible. Mais laquelle ? Christiaan Huygens, scientifique néerlandais, avait testé ses plus récentes horloges à balancier en mer, mais elles se déréglaient par mauvais temps. Il fallait créer une horloge magique performante en mer, par tous les temps.

Galilée (1564-1642), comme beaucoup d'astronomes, essaya de résoudre le problème de la longitude par l'observation des astres. Il pensait que les satellites de Jupiter pourraient être une horloge fiable, mais l'horloge à pendule était plus pratique, au moins sur la terre ferme.

DATES CLÉS

- **1582** Galilée découvre le principe du pendule.
- **1610** Galilée observe le ciel à travers un télescope ; il suggère l'utilisation des satellites de Jupiter pour aider les marins à calculer la longitude.
- **1637** Galilée propose la réalisation d'une horloge à pendule.
- **1657** Christiaan Huygens teste son horloge à pendule, mais les essais en bateau mettent en évidence un dysfonctionnement par mer agitée.
- **1667** Fondation de l'observatoire de Paris pour la recherche astronomique.
- **1668** L'astronome italien Giovanni Cassini publie un recueil de tables lunaires, basées sur les satellites de Jupiter, pour le calcul de la longitude.
- **1675** Le nouvel observatoire royal de Greenwich (près de Londres) est l'un des lieux destinés à l'étude des astres.

Les garde-temps

L'HORLOGER HARRISON

L'homme qui surprit tous les experts venait du nord de l'Angleterre. Il s'appelait John Harrison, né en 1693 à Foulby, un village du Yorkshire. Fils de charpentier, il construisit d'abord des horloges entièrement en bois. Il utilisa des pièces en bois naturellement huileux, sans fer ou acier, et constata que le mécanisme n'avait pas besoin d'être graissé et ne rouillait pas. Il inventa un balancier fait de tringles en laiton et acier. L'association de ces deux métaux se dilatant en sens inverse annulait les effets dus aux différences de température, qui altéraient le rythme du pendule. Il conçut un nouvel échappement, le mécanisme qui régule le mouvement des rouages d'une horloge. Il régla ses horloges sur les astres qu'il voyait apparaître dans le ciel entre le bord de sa cheminée et l'encadrement de sa fenêtre. Harrison entendit parler de la prime offerte pour la résolution de la longitude en mer. En 1730, il travailla à l'observatoire de Greenwich où il rencontra Edmond Halley, astronome, membre de la *Royal Society*. Il échangea des idées avec George Graham, un horloger. Puis, il rentra chez lui et se mit au travail afin de créer l'horloge capable de rester à l'heure en mer.

John Harrison réalisa cinq horloges entre 1730 et 1770. Il était déterminé à résoudre le problème de la longitude en mer et gagner ainsi la prime offerte par le gouvernement britannique.

LES CHRONOMÈTRES H

Pendant cinq ans, Harrison travailla à son premier chronomètre de marine qui fut baptisé H-1 par les spécialistes. En 1735, H-1 était au point et Harrison l'apporta en mer pour un voyage d'essai jusqu'à Lisbonne, au Portugal. La nouvelle horloge conservait l'heure exacte grâce à un système particulier de balanciers et de ressorts. Elle retarda de moins de dix secondes par jour. Harrison se remit au travail pour réaliser un second modèle et gagner le prix.

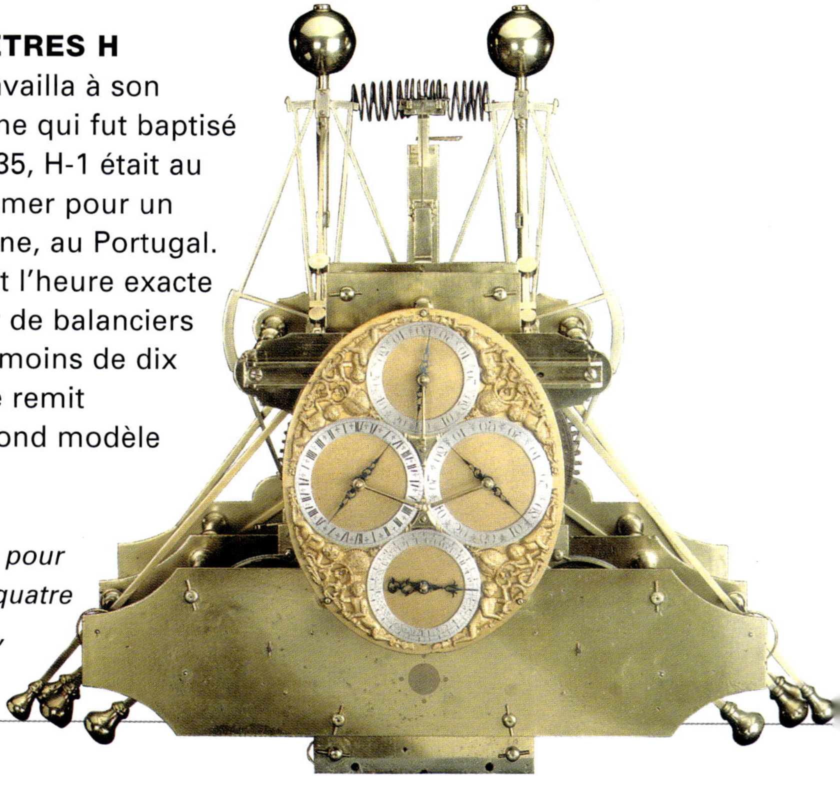

Il fallut cinq ans à Harrison pour achever H-1. Il comportait quatre cadrans pour les heures, minutes, secondes et jours. Il pesait 34 kg.

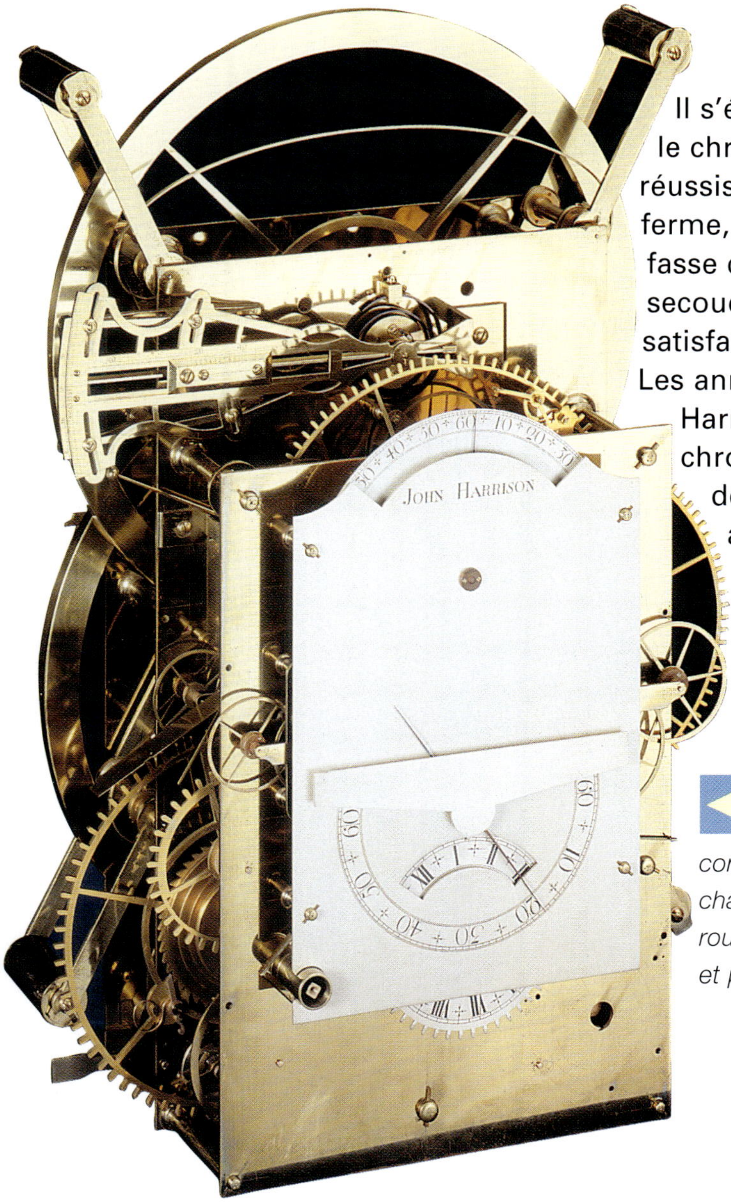

H-2 ET H-3

Il s'écoula encore six ans avant que le chronomètre H-2 soit prêt. Bien qu'il réussisse tous les essais sur la terre ferme, fonctionnant sans problème qu'il fasse chaud ou froid ou qu'il soit secoué, Harrison n'était toujours pas satisfait. H-2 n'a jamais été testé en mer. Les années passèrent et en 1759, Harrison acheva un troisième chronomètre composé de plus de 750 pièces. Régulé par un assemblage compliqué de poids, de ressorts et d'engrenages, H-3 était plus petit et léger que H-1 et H-2, mais Harrison ne l'estimait pas encore parfait.

Le chronomètre H-3 de Harrison comportait un nouveau système pour compenser la dilation des métaux due aux changements de température. Il avait des roulements à bille pour réduire les frottements et pesait 27 kg.

DATES CLÉS

- **1707** Quatre navires d'une escadre de la marine britannique disparaissent en mer à la suite d'une erreur de navigation.
- **1714** Le gouvernement britannique offre une récompense à celui qui trouverait une méthode capable de déterminer la longitude en mer.
- **1725** John Flamsteed réalise le premier catalogue des étoiles basé sur l'observation des astres grâce au télescope.
- **1731** Invention du cadran à réflexion par John Hadley en Angleterre et Thomas Godfrey en Amérique.
- **1735** Harrison termine son premier chronomètre, H-1.
- **1762** H-4 réussit les tests en mer, devenant le modèle pour les chronomètres de marine. Harrison reçoit une partie de la prime offerte par le gouvernement britannique.

Les montres

Quelques années plus tôt, Harrison avait fait fabriquer une horloge portative par un horloger londonien. Il la démonta et l'examina attentivement. Le lendemain, il écarta ses grandes horloges et se lança dans la fabrication d'une nouvelle, plus petite, qui tiendrait dans la poche. Appelé H-4, ce chronomètre miniature en forme de montre se révéla une merveille de précision. Il en était très fier, persuadé qu'il gagnerait la prime.

H-3 et H-4 furent donnés à la marine pour des essais en mer, mais il fallut des mois avant qu'un navire les embarque enfin, en 1762. Harrison conserva H-3 et n'envoya que H-4 en mer avec son fils, William. Ce dernier remonta le chronomètre toutes les 30 heures durant le voyage jusqu'en Jamaïque. H-4 triompha de toutes les épreuves. Après 81 jours en mer, il ne retardait que de cinq minutes - l'équivalent de 1,25° de longitude. Le problème de la longitude était résolu.

Le diamètre de H-4 était de 13 cm et son poids de 1,4 kg. À la différence des premiers chronomètres H-4 nécessitait d'être huilé.

DES CHRONOMÈTRES EN MER

Le gouvernement estimait H-4 trop précieux pour l'autoriser à quitter la Grande-Bretagne. Harrison dut faire copier son chef-d'œuvre pour effectuer les tests. Lors de son second voyage dans les mers du Sud (1772-1775), le capitaine James Cook emporta plusieurs chronomètres de marine. L'une des copies de H-4, réalisée par un horloger, Larcum Kendall, se montra aussi fiable que l'original. Cook l'appelait « l'amie fidèle ».

Même après la réussite de H-4, des astronomes affirmaient encore que les astres étaient plus fiables qu'une montre. Harrison mourut en 1776, sa célébrité assurée, mais il n'avait pas reçu la totalité de la prime, ni les honneurs que son travail minutieux aurait mérités.

James Cook (1728-1779) fut un grand navigateur. Formé au métier de marin, il savait que les chronomètres de marine d'Harrison sauveraient de nombreuses vies.

LA CHRONOMÉTRIE MODERNE

D'autres horlogers, comme Pierre Le Roy en France, fabriquèrent des chronomètres de marine. En 1773, l'Académie des sciences attribua à Pierre Le Roy un prix double pour « la meilleure manière de mesurer le temps en mer ». Les montres de marine évoluèrent peu jusqu'au dernier chronomètre de la marine des États-Unis en 1944.

UNE MONTRE FAIT LE TOUR DU MONDE

James Cook fit trois voyages d'exploration entre 1768 et 1779. Quand il partit la première fois, l'océan Pacifique n'était pas encore cartographié. Sa première mission – en tant que capitaine de l'*Endeavour* – était de visiter les îles de la Société et d'observer le passage de la planète Vénus devant le disque solaire. Il poursuivit par l'exploration des côtes de Nouvelle-Zélande et mouilla dans Botany Bay, sur la côte orientale de l'Australie. Il revint en Angleterre en 1771.

En 1772, James Cook repartit sur la *Resolution* avec la montre marine H-4. Il navigua cap au sud jusqu'au cercle antarctique. Il fut le premier à s'y rendre. James Cook traversa le Pacifique, prouvant ainsi qu'il ne restait pas d'autres continents inexplorés en dehors de l'Australie et de l'Antarctique (recouvert de glace).

Le dernier voyage de Cook commença en 1776. La *Resolution* retourna dans le Pacifique, gagna Tahiti, repassa par la Nouvelle-Zélande et mit cap au nord atteignant la Colombie britannique et l'Alaska. Obligé de rebrousser chemin à cause de la glace, il retourna à Hawaii où il fut tué par les indigènes.

Cook avait prouvé que la montre de marine, permettant de déterminer la longitude, fonctionnait. Grand navigateur, il était un scientifique minutieux et réalisa des cartes précises.

Maintenant que la longitude pouvait être calculée avec certitude, grâce à la montre d'Harrison, la navigation perdait son statut d'aventure, devenant une science.

*Durant son premier voyage (1768-1771), James Cook commença la carte de l'Australie. Son navire, l'*Endeavour*, est représenté ici, échoué en Australie dans l'attente de réparations.*

Le temps des voyages

LA VITESSE DE LA VAPEUR

En 1800, il y avait bien longtemps que les marins ne craignaient plus de se perdre. Les mers démontées restaient dangereuses, mais les cartes étaient plus précises et la navigation était devenue une science. Des bateaux à vapeur traversaient les océans dans les années 1830 et les passagers, dès leur départ, connaissaient au moins le jour, sinon l'heure, de leur arrivée au port.

La révolution industrielle et les nouvelles découvertes scientifiques avaient changé la vie des gens ; le monde semblait s'accélérer. Les années 1830 furent marquées par les premières lignes régulières de trains à vapeur. Un train ne pouvait pas se perdre, mais les passagers s'embrouillaient dans les horaires du fait des horloges qui indiquaient des temps légèrement différents tout au long du trajet.

Les chemins de fer avaient besoin d'horaires précis, utiles aux passagers et indispensables pour leur sécurité. Le télégraphe, en 1837, était utilisé pour envoyer des signaux horaires le long de ses câbles afin de maintenir l'heure des horloges des gares.

L'HEURE LOCALE

Les habitants d'une ville vivaient à l'heure locale. Les autres régions, à l'ouest ou à l'est, suivaient une heure différente. Les horloges étaient réglées sur l'heure solaire vraie. En Grande-Bretagne, les Londoniens réglaient leurs montres sur l'heure donnée chaque jour, à midi, par l'observatoire de Greenwich. Mais midi à Paris, situé à l'ouest de Londres, était neuf minutes plus tard. Cela créait des problèmes à l'intérieur d'un même pays.

En 1850, les journaux britanniques relataient qu'une personne, convoquée devant la cour de justice, avait perdu son procès, car arrivée en retard. La cour devait statuer à 10 heures (heure de Greenwich), mais la montre du défendeur, réglée sur l'heure locale de Dorset, avait neuf minutes de retard.

L'observatoire de Greenwich donne l'heure pour la Grande-Bretagne et éventuellement pour le reste du monde. Le ballon rouge sur le mât tombe chaque jour à midi (GMT), heure locale.

L'HEURE ET LE CHEMIN DE FER

Les indicateurs horaires des trains devaient utiliser une heure standard. Les compagnies de chemin de fer réglèrent donc toutes les horloges des gares sur la même heure et ne tinrent aucun compte des heures locales. Cette décision compliqua la vie des gens qui voyageaient et n'étaient jamais sûrs d'avoir la bonne heure.

Cette situation ne pouvait perdurer. En 1891, chaque horloge de France fut réglée sur l'heure des chemins de fer, c'est-à-dire l'heure de Paris. Le réseau ferré des États-Unis utilisait environ 100 heures différentes, mais en 1883, elles furent réduites à quatre.

Le télégraphe, envoyant des signaux le long de câbles électriques, fut inventé simultanément par l'Américain Morse, le Français Bréguet et l'Anglais Wheatstone.

DATES CLÉS

- **1795** Création du Bureau des longitudes à Paris qui se consacre aux applications de l'astronomie à la géographie et la navigation.
- **1837** Démonstration du premier télégraphe électrique de Morse.
- **1840** L'inventeur français Louis Bréguet met au point un système d'horloges électriques transmettant l'heure à distance.
- **1852** L'observatoire de Greenwich commence à envoyer des signaux horaires par télégraphe aux bureaux de poste et aux horloges publiques.
- **1887** Création du Service géographique de l'armée qui se consacre à l'élaboration d'une carte de la France (carte d'état-major).
- **1891** L'heure légale en France devient l'heure de Paris.
- **1911** L'heure de Greenwich devient l'heure légale en France.
- **1919** Création du Bureau international de l'heure à l'observatoire de Paris.
- **1933** La première horloge à quartz est utilisée comme garde-temps.
- **1955** Une horloge atomique sert d'étalon du temps aux États-Unis.
- **1964** Lancement du premier satellite de navigation.
- **1995** Mise en place, par les États-Unis, d'un système de positionnement GPS utilisant le réseau de satellites *Navstar*.

Les fuseaux horaires

Dans un pays aussi vaste que les États-Unis, la différence horaire entre l'est et l'ouest se compte en heures et non pas en minutes. Par exemple, entre New York (à l'est) et San Francisco (à l'ouest), l'écart est de trois heures et demi. Charles Dowd, un instituteur, suggéra de diviser le pays en zones dans lesquelles l'heure serait identique partout, les minutes ne variant pas. L'heure changerait d'une zone à l'autre, avec un écart d'une heure chaque fois.

LE MÉRIDIEN DE GREENWICH

Le principe de tranches horaires aurait pu être généralisé à la Terre entière. Mais où fixer le point de départ d'un système international de zones horaires ? Chaque pays espérait être le siège de cette ligne de départ.

L'astronome britannique George Biddell Airy, directeur de l'observatoire de Grennwich, avait utilisé le même télescope pendant des années. De plus, la plupart des bateaux naviguant de par le monde considéraient déjà le méridien de Greenwich comme origine des longitudes. Alors, pourquoi ne pas prendre le télescope de Airy comme référence du temps universel ? En 1884, au congrès de Washington, la majorité des États représentés adoptèrent le méridien d'origine passant par Greenwich. La France s'y opposa et conserva le méridien de Paris ; elle ne s'aligna sur l'heure de Greenwich qu'à partir de 1911.

Le célèbre télescope est encore à Greenwich, bien que les astronomes de l'Observatoire soient partis aux îles Canaries pour profiter d'un ciel dégagé. Les visiteurs du vieil Observatoire peuvent se positionner à cheval sur la ligne du méridien d'origine peinte sur le sol, avec un pied à l'est et l'autre à l'ouest.

Le méridien d'origine de Greenwich marque la ligne de longitude 0° et traverse Flamsteed House où le roi Charles II fit installer l'Observatoire royal en 1675.

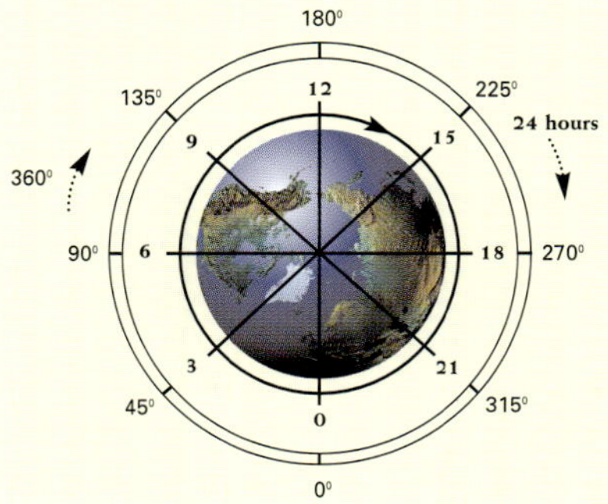

L'HEURE ET LA LONGITUDE

La Terre tourne sur elle-même en 24 h.
Donc : 24 heures = 360° de longitude
1 heure = 15° de longitude
4 minutes = 1° de longitude
1 minute = 15 secondes de longitude

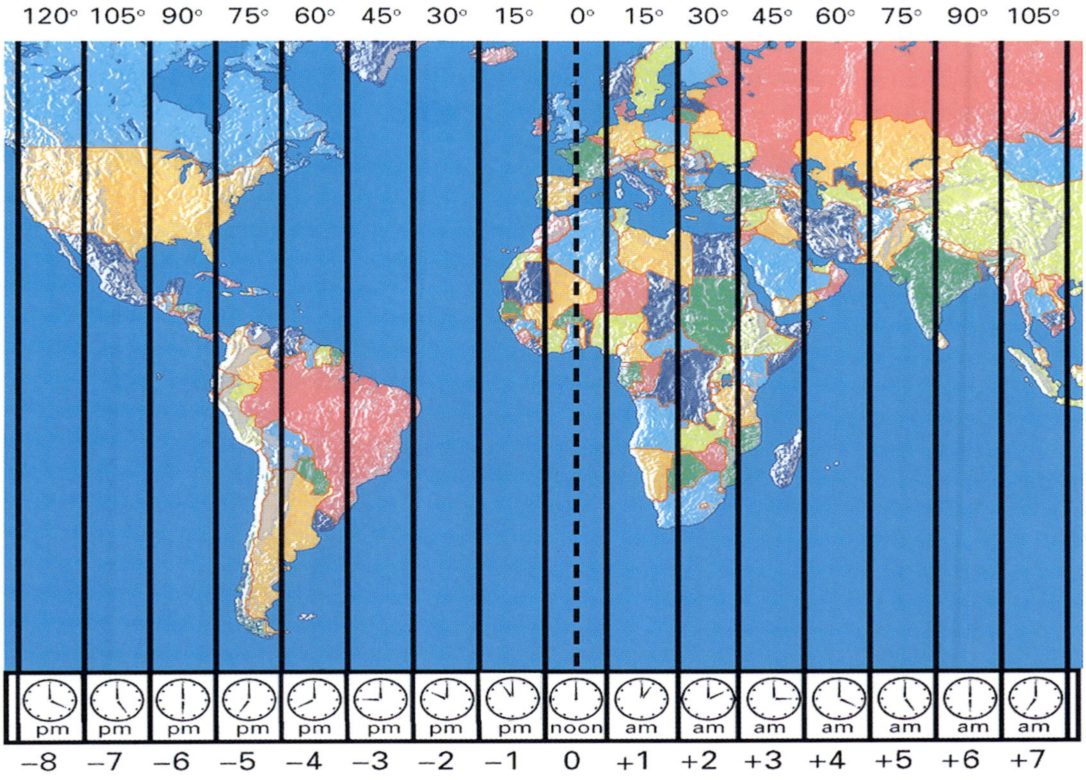

Les fuseaux horaires. Chaque fuseau fait 15° de longitude, ce qui représente une heure. Les cadrans (en bas) indiquent les écarts horaires, à l'est de Greenwich (moins) et à l'ouest (plus). Il y a 24 fuseaux, mais seulement 15 sont représentés sur la carte.

LES FUSEAUX HORAIRES

Il y a 24 fuseaux horaires : 12 à l'est de Greenwich et 12 à l'ouest. Les pôles Nord et Sud ont leur heure particulière, avec plusieurs semaines de jour permanent et plusieurs semaines de nuit.

Les États-Unis et le Canada comptent six fuseaux horaires, avec 15° de longitude (une heure) entre chacun. D'est en ouest, ces zones horaires sont respectivement : Atlantique, Est, Centre, Montagnes, Pacifique et Alaska. Elles sont encadrées à l'est par Terre-Neuve et à l'ouest par Hawaii et Aléoutiennes.

Du quartz aux satellites

Quand les premières pendules à quartz firent leur apparition en 1930, une nouvelle ère pour la mesure précise du temps s'ouvrait alors. Il n'était plus nécessaire de remonter les horloges manuellement. Une montre à quartz se maintient à l'heure jusqu'à l'épuisement de la pile. Encore plus précises, les horloges atomiques utilisées par les scientifiques ne perdent pas plus de quelques secondes sur des millions d'années.

Les mesures sont devenues extrêmement précises. En 1972, les scientifiques utilisèrent un laser pour envoyer un rayon de lumière sur un miroir placé sur la Lune. En mesurant le temps que mettait la lumière pour revenir, ils calculèrent la distance entre la Terre et la Lune avec une précision de 5 cm.

Il n'y a pas si longtemps, les cartographes devaient escalader les montagnes et traverser les déserts afin de prendre des mesures. Les caméras embarquées sur des avions et des satellites photographient de grandes étendues en quelques heures. Les images obtenues donnent des informations très détaillées.

LA NAVIGATION AUJOURD'HUI

Les navires se perdent-ils encore, comme autrefois ? Aujourd'hui, les systèmes de navigation permettent aux supertankers et aux jumbo-jets de tourner autour du monde sans perdre le cap ou l'heure. Les navigateurs s'appuient sur la radio, les radars et les ordinateurs. Ces systèmes indiquent aux pilotes et aux marins où ils se trouvent à tout moment et quel que soit le temps.

Vérification du radar d'un avion de ligne. Tous les avions sont équipés d'un radar et d'aides de navigation si précis que les pilotes peuvent maintenir une distance de sécurité dans les couloirs aériens et atterrir sans visibilité.

TOUJOURS LES ÉTOILES

Pour déterminer sa position, un navigateur doit connaître sa vitesse et la distance qu'il a parcourue. Il lui faut donc mesurer le temps avec précision. Les bateaux et les avions utilisent encore des méthodes qui étaient familières au capitaine Cook, dont la navigation grâce aux étoiles. Les navigateurs comparent leurs observations des étoiles avec les tables d'un livre qui montrent où se situe chaque constellation dans le ciel nocturne aux différentes périodes de l'année.

LES SATELLITES ARTIFICIELS

Les satellites artificiels géostationnaires, dont la position par rapport à la Terre ne varie pas, sont des guides lumineux dans le ciel. Les premiers satellites de navigation furent placés sur une orbite de la Terre dans les années 1960. Aujourd'hui, les satellites Navstar *constituent un réseau qui couvre le monde. Chaque satellite est muni d'une horloge atomique. Les satellites émettent des signaux radio qui indiquent leur position autour de la Terre ainsi que l'heure exacte. Un avion ou un bateau capte les signaux d'au moins trois de ces satellites et l'ordinateur de bord calcule la position.*

Dans un sous-marin, le navigateur peut se guider aux étoiles en les observant à l'aide d'un périscope. En plongée et avançant en aveugle, le sous-marin dépend des signaux du sonar qui forment des images de l'océan autour de lui. Il utilise un système de navigation par inertie. Les ordinateurs contrôlent constamment les déplacements du bâtiment en fonction de la distance et du temps, calculant sa course et sa position.

NOUS SAVONS OÙ NOUS SOMMES

Aujourd'hui, chacun sait à tout moment où il se trouve.
Un explorateur au pôle Sud, un navigateur à la voile en solitaire, un aérostier survolant les Alpes,... tous sont reliés par radio et ordinateur de telle sorte que nous pouvons les situer très précisément sur une carte.

Cela aurait semblé incroyable à un explorateur d'il y a 100 ans. Cependant, dans le futur, les voyageurs partiront encore vers l'inconnu, à l'aventure dans l'espace où il n'y aura aucun repère de latitude ou longitude. Alors, une fois encore, les étoiles seront leurs seuls guides.

Avec un récepteur satellite portable, tout voyageur peut déterminer sa position en quelques secondes, grâce aux données fournies par des satellites en orbite autour de la Terre.

Glossaire

Aérostier : un navigateur qui voyage à bord d'un appareil dont la sustentation est assurée par des gaz plus légers que l'air ; par exemple un ballon, un dirigeable.

Arc : une portion de cercle.

Astre : un corps céleste.

Astronome : un scientifique qui étudie les étoiles et les planètes.

Atlas : un recueil de cartes géographiques ou astronomiques.

Balancier : une pièce oscillante qui sert à régler le mouvement d'une horloge ou d'une montre ; le balancier est un pendule.

Cartographie : la technique de l'établissement des cartes.

Chronomètre : une montre de grande précision qui mesure les intervalles de temps en minutes, secondes et fractions de secondes.

Circonférence : le périmètre d'un cercle.

Coordonnées : les deux nombres, la latitude et la longitude, permettant de définir la position d'un point sur une carte.

Croisades : les expéditions militaires des chrétiens d'Occident contre les musulmans, en Terre sainte.

Degré : l'unité de mesure d'un angle égale à la 360e partie d'un cercle.

Échelle : sur une carte, le rapport des dimensions sur la carte avec les distances sur le terrain. Par exemple, pour une échelle 1/100 000, 1 cm sur la carte représente 100 000 cm = 1 km dans la réalité.

Éclipse : l'obstruction momentanée de la lumière du Soleil ou de la Lune. Il y a éclipse de Lune lorsque la Terre porte ombre sur la Lune. Il y a éclipse de Soleil lorsque la Lune passe entre la Terre et le Soleil.

Éphéméride : un calendrier. En astronomie, les éphémérides sont des tables donnant, chaque jour de l'année, les coordonnées des astres, de la Lune et du Soleil, par exemple.

Équateur : l'équateur divise la Terre en deux hémisphères. Il marque la latitude 0°.

Étoile : un astre qui brille de sa lumière propre. Le Soleil est une étoile.

Explorateur : une personne qui fait un voyage de découverte dans une région inconnue ou fort peu connue.

Garde-temps : une horloge de très haute précision conservant l'heure exacte à travers le monde.

Greenwich : un faubourg de Londres.

C'est le site de l'observatoire royal de Greenwich et du méridien d'origine (0° de longitude).

Hémisphères : la moitié d'une sphère. Le globe terrestre est partagé en deux hémisphères, séparés par l'équateur : l'hémisphère Nord et l'hémisphère Sud.

Horloge atomique : une horloge d'une extrême précision qui compte les radiations d'atomes de cisium, d'hydrogène ou de rubidium.

Jour : l'espace de temps entre le lever du Soleil et son coucher. Mais aussi la période de 24 heures correspondant à la rotation complète de la Terre sur elle-même.

Latitude : la distance angulaire d'un lieu à l'équateur, mesurée en degrés sur le méridien.

Longitude : l'angle, de 0° à 180°, que forme le plan du méridien d'un lieu avec le plan du méridien d'origine de Greenwich.

Mappemonde : une carte représentant le globe terrestre divisé en deux hémisphères.

Méridien : le lieu des points ayant une même longitude à la surface de la Terre.

Montre : un instrument portatif qui indique l'heure.

Navigateur : une personne qui voyage sur mer, mais aussi le pilote d'un bateau, d'un aéroplane ou de tout autre véhicule qui détermine sa route à l'aide d'une carte.

Observatoire : un établissement destiné aux observations astronomiques.

Orbite : la trajectoire d'un corps céleste, naturel ou artificiel, autour d'un autre. La Lune est en orbite autour de la Terre qui est elle-même en orbite autour du Soleil.

Parallèle : un cercle parallèle à l'équateur ; sur ce cercle, tous les points ont la même latitude.

Pendule : un poids suspendu à un point fixe et se balançant à un rythme régulier. Le mouvement des horloges à pendule est réglé par les oscillations d'un pendule, ou balancier.

Planète : un corps céleste qui gravite autour d'une étoile.

Portulan : une carte marine du XVIe siècle indiquant la position des ports et le contour des côtes.

Projection : la méthode qui permet de représenter sur une surface plane une sphère comme le globe terrestre.

Satellite : un astre qui gravite autour d'une planète, comme une Lune ou un engin mis en orbite par l'homme autour de la Terre.

Télescope : un instrument d'optique destiné à l'observation des astres.

Zénith : le Soleil est au zénith lorsqu'il est à la verticale en un lieu donné.

Index